Obsequiado a:

_____

Por:

_____

Fecha:

_____

Con motivo de:

_____

El gozo de ser quien Dios te hizo
Joyce Meyer

Publicado por *Editorial Peniel*
Boedo 25
C1206AAA Buenos Aires - Argentina
Tel/Fax: (54-11) 4981-6178 / 6034
e-mail: info@peniel.com

www.editorialpeniel.com

Originally published in english under the title:
Being the person God made you to be
by Warner Books, Inc.
1271 Avenue of the Americas
New York, NY 10020 USA.
Copyright © 2001 by Joyce Meyer

Copyright © 2005 *Editorial Peniel*

Diseño de cubierta e interior: arte@peniel.com

Lo que figura entre paréntesis es traducción original del libro en inglés.
Las citas bíblicas pertenecen a la *Nueva Versión Internacional* (NVI) por la
Sociedad Bíblica Internacional, excepto las indicadas como: *Reina Valera
versión 1960* (RVR).

Nota de traducción: En las citas bíblicas, la autora usa paréntesis o corchetes cada
vez que desea aclarar algo, explicar el término usado o cuando desea agregar un
pensamiento personal, ampliar el concepto, etc.

Edición Nº 1 Año 2005

Impreso en Colombia
Printed in Colombia

Meyer, Joyce.
El gozo de ser quien Dios te hizo. – 1a ed. – Buenos Aires : Peniel, 2005
Traducido por: Doris Cabrera Mora.
ISBN 987-557-085-0
1. Vida Cristiana. I. Cabrera Mora, Doris, trad. II. Título CDD 248
130 p. ; 13x18 cm.

El Gozo
de Ser Quien
Dios te Hizo

Prohibido vivir en complejos y derrota

Joyce Meyer

www.editorialpeniel.com

Índice

Nunca te sentirás realizado en la vida a menos que alcances la meta de ser tú mismo. No compitas con los demás; solo concéntrate en desarrollar al máximo tu potencial.

La aceptación
de uno mismo

PALABRA DE DIOS PARA TI

*Para que por fe Cristo (a través de tu fe) habite
(more, se establezca, permanezca, haga su hogar
permanente) en sus corazones. Y pido que,
arraigados y cimentados (profundamente) en amor,
puedan comprender, junto con todos los santos, cuán
ancho y largo, alto y profundo es el amor de Cristo.*

(Efesios 3:17-18)

Parte Uno
LA ACEPTACIÓN DE UNO MISMO

lo largo de los años de mi ministerio he descubierto que la mayoría de las personas realmente no están conformes consigo mismas. Este es un problema muy grande, mucho más grande de lo que uno puede pensar inicialmente. Ciertamente no es la voluntad de Dios que sus hijos se sientan así. Más bien, es la forma en que Satanás intenta arruinarnos.

Si no nos llevamos bien con nosotros mismos, no nos llevaremos bien con otras personas. Cuando nos rechazamos a nosotros mismos, nos parece que los demás también nos rechazan. Las relaciones son una parte vital de nuestra vida. El concepto de uno mismo es un factor determinante en el éxito de nuestra vida y en las relaciones.

Nuestra propia imagen es un retrato interior que llevamos de nosotros mismos. Si lo que vemos no es saludable, o no es conforme a las Escrituras, sufriremos las consecuencias del miedo, la inseguridad y variados conceptos erróneos. Por muchos años, esto fue devastador para mi vida.

Dios es un Dios de corazones. Él ve nuestro corazón, no solo la cubierta exterior en la que vivimos –la carne– que parece meternos en muchos problemas. Nunca fue la intención de nuestro Padre en el cielo que nos sintamos mal. Él quiere que nos conozcamos y aun nos aceptemos de la misma manera en que Él lo hace.

Jesús vino a traer restauración a nuestras vidas.
Una de las cosas que Él vino a restaurar
es una imagen propia saludable y balanceada.

Palabra de Dios para ti

Dios miró todo lo que había hecho, y consideró que era muy bueno (adecuado, agradable, y lo aprobó completamente). Y vino la noche, y llegó la mañana: ese fue el sexto día.

(Génesis 1:31)

LA RAÍZ DEL RECHAZO

El rechazo comienza como una semilla que es plantada en nuestra vida a través de diferentes cosas que nos suceden. El maligno no solo quiere plantar una semilla de rechazo. Quiere plantarla tan profundo que desarrolle una raíz que se abra camino desde muy abajo y que produzca otras raicillas ligadas a ella. Finalmente, estas raíces y sus ramificaciones serán un árbol.

Donde estés arraigada, determinará el fruto en tu vida, bueno o malo. Si has echado raíz en el rechazo, el abuso, la vergüenza, la culpa o una imagen pobre de ti misma, si estás arraigado en el pensamiento que "¡algo anda mal conmigo!", tu "árbol" tendrá por frutos depresión, negativismo, falta de confianza, enojo, hostilidad, espíritu controlador, juicio, ver fallas en los demás, odio y lástima por ti misma. Esto te lleva a decirte: "Bueno, mi verdadero yo no es aceptable, entonces necesito producir un yo fingido".

Todas las áreas de tu vida que están fuera de lugar pueden ser reconciliadas a través de Jesús y de la obra que Él hizo en la cruz. Me ocurrió a mí, y Dios puede hacerlo por ti. ¡Comienza a creerlo! No te conformes con estar en ataduras. ¡Determínate a ser libre!

Esta es la buena noticia:
¡puedes ser libre del poder del rechazo!

PALABRA DE DIOS PARA TI

...el amor de Dios ha sido derramado en nuestros corazones por el Espíritu Santo, que nos fue dado.

(ROMANOS 5:5 RVR)

AMARSE CON
EL AMOR DE DIOS

La Biblia nos enseña que el amor de Dios ha sido derramado en nuestros corazones por el Espíritu Santo, quien nos ha sido dado. Eso simplemente significa que cuando el Señor, en la persona del Espíritu Santo, viene a morar en nuestro corazón a causa de nuestra fe en su Hijo Jesucristo, trae amor con Él, porque Dios es amor (1 Juan 4:8).

Todos necesitamos preguntarnos qué hacemos con el amor de Dios que generosamente nos ha sido dado. ¿Lo rechazamos porque pensamos que no somos lo suficientemente valiosos como para ser amados? ¿Creemos que Dios es como otras personas que nos han rechazado y herido? ¿O recibimos su amor por fe, creyendo que Él es más grande que nuestros fracasos y debilidades?

Debemos amarnos a nosotros mismos, no en una manera egoísta y egocéntrica que produzca un estilo de vida de autocomplacencia, sino en una manera equilibrada, en la manera de Dios, una manera que simplemente afirme la creación de Dios como esencialmente buena y correcta.

El plan de Dios es este: Él quiere que recibamos su amor; que nos amemos nosotros mismos a la manera de Dios; que generosamente lo amemos en correspondencia a su amor, y finalmente que amemos a las personas que llegan a nuestras vidas.

*Cuando Dios se llega a nosotros para amarnos,
lo que intenta es comenzar un ciclo que nos
bendecirá no solamente a nosotros, sino a muchos más.*

PALABRA DE DIOS PARA TI

*Y vino Mefiboset, hijo de Jonatán, hijo de Saúl,
a David, y se postró sobre su rostro e hizo reverencia.
Y dijo David: Mefiboset. Y él respondió: He aquí tu siervo.
Y le dijo David: No tengas temor, porque yo a la verdad
(seguramente) haré contigo misericordia (te mostraré
amabilidad) por amor de Jonatán tu padre, y te devolveré
(restituiré) todas las tierras de Saúl tu padre (tu abuelo);
y tú comerás siempre a mi mesa.
Y él (el cojo) inclinándose, dijo: ¿Quién es tu siervo
para que mires (pongas tus ojos en) a un perro
muerto como yo?*

(2 SAMUEL 9:6-8 RVR)

LA IMAGEN DEL PERRO MUERTO

*M*efiboset era un nieto del rey Saúl e hijo de Jonatán, quien había sido un cercano amigo de pacto de David. Lisiado desde su juventud, Mefiboset tenía una pobre imagen de sí mismo, la imagen de un perro muerto. En lugar de verse como el heredero legítimo del legado de su padre y de su abuelo, se veía a sí mismo como alguien que sería rechazado.

Cuando David mandó a llamar a Mefiboset, él se postró delante del rey y mostró temor. David le dijo que no temiera, que su intención era ser bondadoso con él. La respuesta de Mefiboset es un importante ejemplo de la clase de imagen propia pobre que todos necesitamos superar.

Una imagen propia pobre hace que actuemos con miedo en lugar de fe. Vemos lo que está mal en nosotros en lugar de ver lo que está bien con Jesús. Él ha llevado nuestros agravios y nos ha dado su justicia (2 Corintios 5:21). Debemos caminar en la realidad de esta verdad.

Amo el final de la historia. David bendijo a Mefiboset por causa de Jonatán. Le dio sirvientes y tierras, y proveyó para todas sus necesidades.

Yo relaciono la discapacidad de Mefiboset con nuestras propias debilidades. Nosotros también podemos tener comunión y compartir la mesa con nuestro Rey Jesús, a pesar de nuestras fallas y debilidades.

Tenemos un pacto con Dios
sellado y ratificado por la sangre de Jesucristo.

PALABRA DE DIOS PARA TI

*¡Hasta vimos anaquitas! Comparados con ellos,
pareciamos langostas, y así nos veían ellos
a nosotros.*

(NÚMEROS 13:33)

¿ERES UNA LANGOSTA?

$\mathcal{L}$eemos en Números 13 cómo Moisés envió doce hombres para explorar la Tierra Prometida y ver si era buena o mala. Diez de los hombres regresaron con lo que la Biblia refiere como "un rumor falso" (Números 13:32). Cuando los doce hombres volvieron, esos diez le dijeron a Moisés: "¡La tierra es buena, pero hay gigantes en ella!"

El temor a los gigantes impidió que el pueblo de Dios entrara a la tierra que Él había prometido darles. No fueron realmente los gigantes los que vencieron a este pueblo, fue su pobre imagen de sí mismos. Ellos solo vieron a los gigantes, dejaron de ver a Dios.

Josué y Caleb fueron los únicos que tuvieron una actitud adecuada con respecto a la tierra. Les dijeron a Moisés y al pueblo: *"Subamos de una vez y poseámosla; estamos bien capacitados para conquistarla"* (Números 13:30). Finalmente ellos fueron los únicos de su generación a quienes Dios les permitió entrar en la Tierra Prometida.

Dios tenía un futuro glorioso planeado para todos los israelitas, pero no todos entraron a ese futuro, sino solo aquellos que tenían una actitud adecuada hacia Dios y hacia ellos mismos.

Dios no tiene una mala actitud hacia ti,
¡tú tampoco deberías tenerla!

PALABRA DE DIOS PARA TI

*Porque yo sé los pensamientos (planes) que
tengo para ti, dice el Señor, pensamientos y
planes de bienestar y paz (y no calamidad) y
no de mal, para darte esperanza (en el futuro)
en tu resultado final.*

(JEREMÍAS 29:11 RVR)

DIOS TIENE UN PLAN

*S*i tienes un bajo concepto de ti misma, entonces ya ha afectado adversamente tu pasado, mas puedes ser sanada y no permitir que el pasado se repita. Suelta eso que quedó atrás; inclusive cualquier sentimiento negativo que has tenido acerca de ti mismo, y avanza hacia las cosas buenas que Dios te tiene reservadas.

Dios tiene un buen plan y propósito para cada uno de nosotros, y una forma específica y un tiempo perfecto para hacerlo realidad, pero no todos lo experimentamos. A veces vivimos muy por debajo del nivel que Dios desea que disfrutemos.

Por años yo no ejercité mis derechos ni mis privilegios como hija de Dios. Aunque era cristiana y creía que iría al cielo cuando muriera, no sabía que podía hacerse algo respecto a mi pasado, presente o futuro. Tenía un pobre concepto de mí misma y eso afectaba mi diario vivir, así como mi perspectiva del futuro.

Acepta el amor de Dios por ti y haz de ese amor la base para amarte y aceptarte a ti misma. Recibe el consentimiento de Dios, sabiendo que estás cambiando y llegando a ser todo lo que Él desea que seas. Luego comienza a disfrutar de ti misma –donde te encuentres– en el caminar hacia la completa madurez espiritual

---

Deja a Dios ser Dios en tu vida. Dale las riendas.
Él sabe lo que hace.

PALABRA DE DIOS PARA TI

*Porque somos hechura de Dios (propia),
creados en Cristo Jesús (nacidos de nuevo)
para buenas obras, las cuales Dios dispuso de
antemano a fin de que las pongamos en
práctica.*

(EFESIOS 2:10)

¡LA ELECCIÓN ES TUYA!

*R*echazarnos a nosotros mismos no nos cambia. En realidad, multiplica nuestros problemas. La aceptación hace que enfrentemos la realidad y luego comencemos a tratar con ella. No podemos lidiar con nada que todavía no hayamos aceptado, o de lo que sigamos negando su realidad.

Dios nos ha dado un don maravilloso: libre albedrío. Dios nos ofrece la oportunidad de aceptarnos como somos, pero tenemos libre albedrío y podemos rechazar hacerlo, si eso es lo que escogemos. Aceptar una cosa significa verla como algo normal, apropiada o correcta.

Las personas que se rechazan a sí mismas lo hacen porque no pueden verse de una forma apropiada o correcta. Solo ven sus defectos y debilidades, no su belleza y fortaleza. Esta es una actitud desequilibrada, probablemente inculcada por personas autoritarias en el pasado, que hacían énfasis en lo que era débil y erróneo, en lugar de lo que era fuerte y adecuado.

En Amós 3:3 leemos *"¿Andarán dos juntos, si no estuvieren de acuerdo?"* Para caminar con Dios debemos estar de acuerdo con Dios. Él dice que nos ama y nos acepta; por lo tanto, si estamos de acuerdo con Él, ya no podemos odiarnos ni rechazarnos.

Debemos estar de acuerdo con Dios;
cuando Él nos creó, creó algo bueno.

PALABRA DE DIOS PARA TI

Porque el Señor disciplina a los que ama,
y azota a todo el que recibe como hijo.
Los que soportan (la corrección) es para su
disciplina pues Dios los está tratando como a hijos.
¿Qué hijo hay a quien el padre no disciplina?

(HEBREOS 12:6-7)

LA ACEPTACIÓN DE UNO MISMO PERMITE CAMBIAR

*Q*uizás tú has estado luchando con aceptarte. Ves las áreas en tu vida que necesitan ser cambiadas. Deseas ser como Jesús. Aun así, es muy difícil para ti pensar o decir: "Me acepto". Sientes que para hacerlo tendrías que aceptar todo lo que está mal en ti… pero no es así.

No podemos ni siquiera comenzar el proceso de cambio hasta que se haya resuelto en nuestra vida el tema de la autoaceptación. Cuando realmente creamos que Dios nos ama incondicionalmente, tal como somos, entonces estaremos dispuestas a recibir su corrección.

El cambio requiere corrección; a las personas que no saben que son amadas se les hace difícil aceptar la corrección. Para ser cambiadas, Dios debe corregirnos. Quizá escuchemos su corrección y estemos de acuerdo con ella, pero solo nos hará sentir enojadas o condenadas, a menos que sepamos que, al final, traerá el cambio que es necesario para nuestra vida.

Para crecer en Dios y ser cambiadas, debemos confiar en Él. A menudo Él nos guiará por caminos que no podemos entender, y durante esos tiempos debemos tomarnos fuertemente de su amor por nosotros.

Sé paciente contigo mismo. Prosigue
y cree que estás cambiando cada día.

PALABRA DE DIOS PARA TI

*No os conforméis a este siglo, sino
transformaos por medio de la renovación de
vuestro entendimiento, para que comprobéis,
cuál sea la buena voluntad de Dios, agradable
y perfecta.*

(ROMANOS 12:2 RVR)

"¿CÓMO PUEDO CAMBIAR?"

El cambio no se produce a través de luchas, del esfuerzo humano sin Dios, de frustraciones, de odiarse a uno mismo, de rechazarse a sí mismo, de la culpa o de las obras de la carne.

El cambio en nuestra vida viene como resultado de tener nuestra mente renovada por la Palabra de Dios. El ponernos de acuerdo con Dios y realmente creer que lo que Él dice es verdad, gradualmente comienza a manifestarse en nosotros. Comenzamos a pensar diferente, luego comenzamos a hablar diferente y finalmente comenzamos a actuar diferente. Este es un proceso que se desarrolla en etapas, y debemos siempre recordar que mientras se lleva a cabo, podemos tener la actitud de "¡Estoy bien, y también estoy en camino a lograrlo!"

Disfruta de ti mientras se produce este cambio. Disfruta donde estás, en el camino hacia el cual te diriges. ¡Disfruta de este viaje! No pierdas todo "tu hoy" tratando de correr hacia el futuro. Recuerda, mañana tendrá sus propios problemas (ver Mateo 6:34).

Relájate. Deja que Dios sea Dios. No seas tan dura contigo. El cambio es un proceso; llega de a poquito.

Podemos venir a Jesús tal como somos.
Él nos toma como estamos y nos hace
lo que debemos ser.

Jesús anhela sanar nuestros
quebrantados corazones
y prodigar su gran amor
sobre nosotros.

Sanemos las emociones dañadas

Palabra de Dios para ti

*El Espíritu del Señor omnipotente está sobre mí,
porque cuanto me ha ungido (calificado) para
anunciar buenas nuevas (predicar el Evangelio)
a los pobres
(al humilde, al afligido). Me ha enviado a sanar
(vendar) los corazones heridos, a proclamar
liberación a los cautivos (físicos y espirituales)
y libertad
a los prisioneros (de las cárceles) [Romanos 10:15]
A pregonar el año del favor del Señor y el día de
la venganza de nuestro Dios, a consolar a todos
los que están de duelo (que lloran),
[Mateo 11:2-6; Lucas 4:18-19; 7:22]
Y a confortar (consolar, dar gozo) a los dolientes
(afligidos) de Sion. Me ha enviado a darles una
corona en vez de cenizas, aceite de alegría (gozo)
en vez de luto (lamento), traje de fiesta en vez de
espíritu de desaliento (pesado, opresivo y
espíritu débil).
Serán llamados robles de justicia (altísimo, fuerte,
magnífico, distinguido por su rectitud, justicia y
correcto andar con Dios), plantío de Señor,
para mostrar su gloria.*

(Isaías 61:1-3)

Parte Dos

SANEMOS LAS EMOCIONES DAÑADAS

a sanidad emocional, también referida a la sanidad interior, es un tema que necesita ser hablado en una forma escritural y balanceada que produzca resultados divinos. Nuestra vida interior es mucho más importante que nuestra vida exterior. El apóstol Pablo dijo en 2 Corintios 4:16, que aunque nuestro hombre exterior iba declinando y desgastándose, nuestro interior es renovado progresivamente día tras día. Romanos 14:17 nos da a conocer que el Reino de Dios no es comida ni bebida (cosas visibles), sino justicia, paz y gozo en el Espíritu Santo. Y Lucas 17:21 dice que el Reino de Dios está en ti.

Yo fui sexual, física, verbal y emocionalmente abusada desde que puedo recordar, hasta que finalmente dejé mi casa a los dieciocho años. He sido rechazada, abandonada y traicionada. También fui una "prisionera emocional" por largo tiempo, pero Dios me ha sanado y transformado con su amor. ¡Y hará lo mismo por ti!

En Isaías 61 el Señor dice que Él vino a sanar a los quebrantados de corazón. Creo que eso significa para aquellos descorazonados, golpeados y heridos internamente. Jesús quiere llevarnos de la devastación emocional a la salud e integridad de nuestro hombre interior, por medio del poder del Espíritu Santo.

Donde sea que estés espiritual o emocionalmente,
Dios tendrá un encuentro contigo justo allí.

PALABRA DE DIOS PARA TI

*Estoy convencido de esto: el que comenzó tan
buena obra en ustedes la irá perfeccionando
(desarrollando) hasta el día de Cristo Jesús
(exactamente el tiempo de su regreso).*

(FILIPENSES 1:6-7)

Un paso a la vez

Cuando hablo de sanidad de heridas emocionales, me gusta sostener cordones de zapatos de diferentes colores, atados todos juntos con un nudo. Le digo a la audiencia: "Este eres tú cuando comienzas el proceso de transformación con Dios, estás todo anudado. Cada nudo representa un problema diferente en tu vida. Desatar esos nudos y enderezar esos problemas va a llevar un poquito de tiempo y esfuerzo, así que no te desanimes si no ocurre todo de una vez".

Si quieres recibir sanidad emocional y entrar en un área de integridad, debes darte cuenta que la sanidad es un proceso. Permítele al Señor que trate contigo y con tus problemas, a su manera y en su tiempo. La parte que a ti te toca es cooperar con Él en cualquier área que Él escoja primero para comenzar a tratarte.

En nuestra moderna e instantánea sociedad, esperamos que todo sea rápido y fácil. El Señor nunca está apurado y Él nunca abandona. A veces puede parecer que no haces ningún progreso. Eso es porque el Señor desata tus nudos uno a la vez. El proceso puede ser duro y tomar tiempo, pero si "perseveras en el programa", tarde o temprano verás la victoria y experimentarás la libertad que deseaste por tanto tiempo.

Dios quiere que creas y que sigas avanzando.

PALABRA DE DIOS PARA TI

Porque nosotros no tenemos un Sumo Sacerdote incapaz de compadecerse (que no puede entender y simpatizar) de nuestras debilidades, sino uno que ha sido tentado en todo de la misma manera que nosotros, aunque sin pecado.

(HEBREOS 4:15)

Parte Tres

CONFIANZA

ara tener éxito en ser nosotros mismos, debemos tener confianza. No tenemos que buscar la confianza en nosotros, sino la confianza en Cristo. Me gusta la redacción de La Biblia Ampliada de Filipenses 4:13, que dice "...soy autosuficiente en la suficiencia de Cristo". En realidad, es un pecado tener confianza en uno mismo, pero tener confianza en Cristo debería ser la meta de cada creyente.

Jesús dijo: *"...separado de mí [cortados de una unión vital conmigo] no puedes hacer nada"* (Juan 15:5). Continuamos intentando hacer las cosas en la fuerza de nuestra propia carne, en lugar de poner toda nuestra confianza en Dios.

La mayor parte de nuestra agonía interna, nuestra lucha y frustración, viene de poner nuestra confianza en el lugar equivocado. En Filipenses 3:3 Pablo dice que no debemos poner nuestra confianza en la carne. Esto quiere decir en nosotros mismos tanto como en nuestros amigos y familia. No digo que no podemos confiar en nadie, pero si damos a otros la confianza que le pertenece solo a Dios, no experimentaremos victoria. Dios no nos permitirá triunfar hasta que nuestra confianza esté en el lugar correcto, o mejor dicho, en la Persona correcta.

Jesús es la Roca, la única fuente verdadera de estabilidad. Pon tu confianza en Él.

PALABRA DE DIOS PARA TI

*Desarmó (despojó Dios) a los poderes y a
las potestades (principados que estabanalistados
en contra de nosotros), y por medio de Cristo
los humilló en público al exhibirlos
(públicamente en la cruz) en su desfile
triunfal.*

(COLOSENSES 2:15)

LIBÉRATE DEL SÍNDROME DEL FRACASO

*L*as personas que han sido abusadas, rechazadas o abandonadas, usualmente carecen de confianza. Tales individuos tienen las bases de su vida en la vergüenza, son llevados por la culpabilidad y tienen un muy bajo concepto de sí mismos. El diablo lo sabe y comienza su ataque sobre la confianza personal, cuando y donde él pueda encontrar una abertura. Su meta final es la destrucción total de la persona.

El diablo sabe que un individuo sin confianza nunca dará el primer paso para hacer algo edificante para el Reino de Dios, o algo que deteriore el reino de Satanás. Él no quiere que llegues a cumplir el plan de Dios para tu vida. Si él puede hacerte creer que eres incapaz, entonces ni siquiera vas a intentar llevar a cabo algo que valga la pena. Aún si haces un esfuerzo, tu temor al fracaso sellará tu derrota, la cual, por tu falta de confianza, probablemente esperabas desde el principio. Esto es lo que a menudo se llama "síndrome del fracaso".

Dios quiere que sepas que el diablo es un enemigo ya derrotado. Jesús triunfó sobre él en la cruz y exhibió públicamente su derrota en el mundo espiritual. La victoria de Jesús significa que puedes deshacerte del síndrome del fracaso. Su habilidad para traer su voluntad a tu vida está determinada por tu fe en Él y en su palabra.

*La victoria de Dios comprada en la cruz
es total y completa.*

PALABRA DE DIOS PARA TI

*Fíate de Jehová (confía en él) de todo tu
corazón (y mente), y no te apoyes (confíes)
en tu propia prudencia (inteligencia).
Reconócelo en todos tus caminos, y él
enderezará tus veredas.*

(PROVERBIOS 3: 5-6 RVR)

LA MENTIRA ACERCA DE LA CONFIANZA EN UNO MISMO

*T*odo el mundo habla de la confianza en uno mismo. Toda clase de conferencias está disponible para aprender acerca de la confianza, ya sea en el mundo secular como en la iglesia. Al hablar de confianza, generalmente hablamos de la "confianza en uno mismo", porque todos sabemos que necesitamos sentirnos bien con nosotros mismos si queremos, alguna vez, lograr algo en la vida. Nos han enseñado que todas las personas tienen una necesidad básica de creer en sí mismos. Sin embargo, esa no es la verdad.

En realidad no necesitamos creer en nosotros mismos, necesitamos creer en Jesús que está en nosotros. No nos atrevamos a sentirnos bien con nosotros mismos separados de Él.

Si creemos la mentira de la confianza en uno mismo, crearemos muchos problemas complicados. Nunca alcanzaremos nuestro entero potencial en Cristo; viviremos gobernados por el temor sin conocer el verdadero gozo, la plenitud o la satisfacción; y perderemos de vista nuestro derecho de ser un individuo. El Espíritu Santo se acongojará.

No te preocupes por ti mismo, tus debilidades o tus fortalezas. Quita los ojos de ti y ponlos en el Señor. Si tú eres débil, Él puede fortalecerte. Si tienes alguna fuerza, es porque Él te la dio. Así que, de todas maneras, tus ojos deberían estar puestos en Él y no en ti mismo.

No necesitamos confianza en nosotros mismos;
necesitamos ¡confianza en Dios!

Palabra de Dios para ti

Así dice el Señor: ¡Maldito (con gran mal)
el hombre que confía en el hombre!
¡Maldito el que se apoya (confía) en su propia
fuerza y aparta su corazón (y mente) del Señor.

(Jeremías 17:5)

Ten confianza
solo en Dios

*P*ara poder tener éxito, debemos tener confianza; pero primero y principal, esta debe ser una confianza en Dios y en nada más. Debemos desarrollar confianza en el amor, la bondad y la misericordia de Dios. Debemos creer que Él quiere que tengamos éxito.

Dios no nos creó para que fracasemos. Podemos fallar en algunas cosas en nuestro camino al éxito, pero si confiamos en Él, Él tomará aun nuestros errores y hará que obren para nuestro bien (Romanos 8:28).

Hebreos 3:6 nos dice que debemos "...mantener firme hasta el fin nuestra confianza y el sentido de triunfo en nuestra esperanza [en Cristo]". Es importante darnos cuenta que un error no es el fin de todo si mantenemos nuestra confianza.

Todos nosotros tenemos un destino, pero solo porque estamos destinados a hacer algo no significa que sucederá automáticamente. Yo atravesé muchas cosas mientras Dios me hacía crecer y desarrollar mi ministerio. A menudo perdía mi confianza concerniente al llamado de Dios sobre mi vida. Y tenía que recuperar mi confianza antes que pudiera continuar.

Pon tu confianza solo en Dios, y Él
te llevará a ser exitoso en ser tú mismo.

PALABRA DE DIOS PARA TI

...el justo por la fe vivirá (el hombre que por la fe es justo y honrado... vivirá por la fe).

(ROMANOS 1:17)

CONFÍA FIRMEMENTE

La confianza es en realidad fe en Dios. Debemos aprender a ser firmemente confiados, no ocasionalmente confiados.

Tuve que aprender a permanecer confiada cuando mis amigos y familia me decían que una mujer no debería predicar La Palabra de Dios. Sabía que Dios me había llamado a predicar su Palabra, pero todavía estaba afectada por el rechazo de la gente. Tuve que crecer en la confianza hasta el punto donde la opinión de las personas, y su aceptación o rechazo, no afectaron mi nivel de confianza. Mi confianza tenía que estar en Dios y no en las personas.

Romanos 1:17 nos dice que podemos ir de la fe a la fe. Pasé muchos años yendo de la fe a la duda, a la incredulidad, y luego volviendo a la fe. Después me di cuenta que cuando pierdo mi confianza, dejo una puerta abierta al diablo. Si le permito robar mi confianza, de pronto me quedo sin fe para ministrar a las personas.

Si tú quieres tener éxito, debes confiar firmemente. Confía en tus dones y llamado, en tu habilidad en Cristo. Cree que oyes de parte de Dios y que eres guiado por el Espíritu Santo. Sé valiente en el Señor. ¡Mírate a ti mismo como una ganadora en Él!

No mires tus inseguridades; mira a Dios y ten confianza. Él es tu fuerza y salvación.

Palabra de Dios para ti

Sin embargo, en todo esto (todas estas cosas)
somos más que vencedores (y obtenemos una
victoria superior) por medio de aquel
que nos amó.

(Romanos 8:37)

MÁS QUE VENCEDORES

Necesitamos tener una sensación de triunfo. Pablo nos asegura que a través de Cristo Jesús somos más que vencedores. Creer esta verdad nos da confianza.

A veces nuestra confianza es sacudida cuando vienen las pruebas, especialmente si son prolongadas. Deberíamos tener tanta confianza en el amor de Dios hacia nosotros que, no importando lo que venga en contra de nosotros, sepamos en nuestro interior que somos más que vencedores. Si realmente estamos confiados, no necesitamos temer a los problemas, desafíos o a los tiempos de prueba, porque sabemos que pasarán.

Cuando una prueba de cualquier clase venga en tu contra, siempre recuerda: ¡esto también pasará! Ten confianza que durante la prueba aprenderás algo que te ayudará en el futuro.

Sin confianza se nos acaba el aire en cada movimiento. Satanás tira una bomba y nuestros sueños son destruidos. Eventualmente volvemos a empezar, pero nunca progresamos demasiado. Pero aquellos que saben que son más que vencedores a través de Jesucristo, progresan rápidamente.

Debemos dar un paso de fe y decidir estar confiados en todas las cosas en Él. Las personas que ponen su confianza en Dios terminan la obra. Llegan a ser plenos porque son exitosos en ser ellos mismos.

───────── ❧ ─────────

Nunca tendremos éxito en ser nosotros mismos
hasta que nuestra confianza esté en Dios.

PALABRA DE DIOS PARA TI

*Y David se angustió mucho, porque el pueblo
hablaba de apedrearlo, pues todo el pueblo
estaba en amargura de alma, cada uno por sus
hijos y por sus hijas; mas David se fortaleció en
Jehová su Dios.*

(1 SAMUEL 30:6 RVR)

El tormento de dudar de uno mismo

*S*i no creemos en nosotros, ¿quién lo hará? Dios cree en nosotros, y es algo bueno también; de otro modo, nunca progresaremos. No podemos esperar a que otro venga y nos anime a ser todo lo que podemos ser.

Cuando David y sus hombres se encontraron en una situación aparentemente sin esperanza, por la cual los hombres le echaron la culpa, David cobró valor y se fortaleció en el Señor. Más tarde, esa situación fue completamente revertida (1 Samuel 30:1-20).

Cuando David era solo un muchachito, todos a su alrededor lo desanimaron respecto de su habilidad para pelear con Goliat. Le decían que era muy joven y muy inexperto, y que no tenía ni la armadura ni las armas correctas. Pero David conocía a su Dios y tenía confianza en Él. David creyó que Dios sería fuerte en su debilidad y le daría la victoria.

El dudar de uno mismo es sumamente atormentador, y debemos librarnos de ello. Como David, debemos aprender a conocer a nuestro Dios, conocer acerca de su amor, sus caminos y su palabra; por último, debemos decidir si creemos o no. Si no dudamos de nosotros mismos pero confiamos en Dios, Él nos dará la victoria.

La forma de terminar el tormento de dudar de nosotros mismos, es mirar a Dios y tener fe en su gran poder.

PALABRA DE DIOS PARA TI

*De manera que, teniendo diferentes dones,
(talentos, cualidades, facultades) según la
gracia que nos es dada (según Él quiso dar a
cada uno), si el de profecía, (el que tiene el don
de profecía) úsese conforme a la medida de la fe
(que lo use conforme a su fe).
O si de servicio (tareas prácticas), en servir;
o el que enseña, en la enseñanza;
El que exhorta (animar a otros), en la
exhortación (que los anime); el que reparte, con
liberalidad; el que preside, con solicitud; el que
hace misericordia, con alegría.*

(ROMANOS 12:6-8 RVR)

*Una es la gloria del sol, otra la gloria de la
luna, y otra la gloria de las estrellas, pues una
estrella es diferente de otra en gloria.*

(1 CORINTIOS 15:41 RV)

CONFIANZA
PARA SER DIFERENTES

*T*odos somos diferentes. Como el Sol, la Luna y las estrellas, Dios nos ha creado para que seamos diferentes unos de otros, y lo ha hecho con propósito. Cada uno de nosotros suple una necesidad, y todos somos parte del plan conjunto de Dios. Cuando luchamos para ser como otros, perdemos nuestra esencia y entristecemos al Espíritu Santo. Dios quiere que nos ajustemos a su plan, y no nos sintamos presionados al tratar de adaptarnos al plan de todos los demás. Está bien ser diferentes.

Todos nacimos con diferentes temperamentos, diferentes características físicas, diferentes huellas digitales, diferentes dones y habilidades. Nuestra meta debería ser descubrir lo que individualmente se supone que seamos, y luego tener éxito al serlo. Romanos 12 nos enseña a entregarnos a nuestro don. Debemos descubrir para lo que somos buenos y luego entregarnos de corazón a serlo.

Deberíamos ser libres para amarnos y aceptarnos a nosotros mismos, y los unos a los otros, sin sentir la presión de compararnos o competir. Las personas seguras que saben que Dios las ama y tiene un plan para ellas, no se sienten amenazadas por las habilidades de los demás. Disfrutan lo que los otros pueden hacer, y se complacen en lo que ellas pueden hacer.

*Dios te dio dones y quiere que te enfoques en
tu potencial, y no en tus limitaciones.*

Palabra de Dios para ti

El que encuentre su vida, la perderá, y el que la pierda (la vida) por mi causa, la encontrará.

(Mateo 10:39)

NO TE PIERDAS A TI MISMO

¿Cómo podemos ser exitosos en ser quien Dios nos hizo si no nos conocemos? La vida a veces es como un laberinto, y es fácil perderse. Pareciera que cada uno espera algo diferente de nosotros. Hay presiones sobre nosotros que vienen de todas direcciones para mantener a otros felices y suplir sus necesidades.

Luego nos convertimos en lo que ellos quieren que seamos. En el proceso, perdemos nuestra esencia. Quizás fallemos en descubrir cuál es la intención de Dios para nosotros. Tratamos mucho de complacer a los demás, y aun así no estamos satisfechos con nosotros mismos.

Por años yo traté de ser tantas cosas que no era, que llegué a estar totalmente confundida. Tuve que bajarme del carrusel y preguntarme: "¿Para quién vivo? ¿Por qué hago todas estas cosas? ¿Me he convertido en alguien que solo quiere complacer a los demás? ¿Estoy realmente en la voluntad de Dios para mi vida?"

¿Has perdido tu "yo" también? ¿Estás frustrada de intentar suplir todas las demandas de otras personas mientras te sientes insatisfecha contigo misma? Necesitas tomar una postura y determinarte a conocer tu identidad, tu dirección y tu llamado; la voluntad de Dios para tu vida. Te encontrarás a ti misma al hallar su voluntad para tu vida, y al vivirla.

Si entregas tu corazón para hacer la voluntad de Dios, encontrarás tu verdadero yo.

*¡Somos libres para desarrollar
nuestro potencial por lo
que Dios ha hecho por nosotros
a través de Cristo !*

Desarrolla tu potencial

Palabra de Dios para ti

*¿No sabéis que todos los que corren en el estadio,
todos a la verdad corren, pero uno solo se lleva el
premio? Corred de tal manera que lo obtengáis.*

(1 Corintios 9:24 RVR)

Parte Cuatro

DESARROLLA TU POTENCIAL

uando estamos confiados y libres de temores atormentadores, y de la duda acerca de nosotros mismos, somos capaces de desarrollar nuestro potencial y lograr ser lo que Dios quiso que fuésemos. Pero no podemos desarrollar nuestro potencial si tememos al fracaso. Tendremos tanto miedo de fallar o de cometer errores, que nos impedirá avanzar.

A menudo veo gente que tiene un gran potencial y aun así, cuando se les ofrecen oportunidades y promociones, rápidamente las rechazan. En muchos casos son inseguros e ignoran cuánto pueden llegar a hacer por el Reino de Dios, si solo dieran ese paso de fe y confianza.

Cuando somos inseguros frecuentemente nos apoyaremos más en lo conocido y confiable, antes que tomar el desafío de avanzar y correr el riesgo de fallar. Evitamos aceptar mayores responsabilidades, y la verdad es que ninguno de nosotros está listo en todo tiempo. Pero cuando Dios está preparado para moverse en nuestra vida, debemos creer que Él nos proveerá lo que necesitemos en el momento en que lo precisemos.

Apoyarse humildemente en Dios nos lleva al éxito. Si nuestra confianza está en Cristo y no en nosotros mismos, somos libres para desarrollar nuestro potencial, porque somos libres del temor al fracaso.

El desarrollo y la manifestación del potencial
requieren una firme fe, no solamente un vago deseo.

PALABRA DE DIOS PARA TI

*Con sabiduría se construye la casa (toda casa
es edificada con planes sabios); con inteligencia
(buen juicio) se echan los cimientos.
Con buen juicio se llenan sus cuartos de bellos
y extraordinarios tesoros.*

(PROVERBIOS 24:3-4)

No hagas
planes pequeños

Espero que tengas un sueño o una visión en tu corazón algo mayor de lo que has tenido hasta ahora. Es importante tener sueños y visiones para nuestra vida. Nos atrofiamos si no tenemos algo que alcanzar. Dios nos ha creado para tener metas. Efesios 3:20 nos dice que Dios *"puede hacer muchísimo más abundantemente de todo lo que podemos pedir o pensar"*. Necesitamos pensar en cosas grandes, esperar cosas grandes y pedir cosas grandes.

Muy a menudo vemos la tarea que tenemos que hacer y pensamos: "No hay forma en que logremos hacer lo que se necesita". Ello sucede porque nos miramos a nosotros mismos, cuando deberíamos mirar al Señor.

Cuando el Señor llamó a Josué a tomar el lugar de Moisés y conducir a los israelitas a la Tierra Prometida, le dijo: *"Como estuve con Moisés, estaré contigo; no te dejaré ni te desampararé"* (Josué 1:5).

Si Dios promete estar con nosotros –y lo hace– es realmente todo lo que necesitamos. Su fortaleza es perfeccionada en nuestra debilidad (ver 2 Corintios 12:9 RVR). Cualquier ingrediente del que carezcamos en el hombre natural, Él lo agrega al hombre espiritual.

Honramos a Dios cuando creemos en Él para hacer las "cosas grandes" que hemos soñado.

PALABRA DE DIOS PARA TI

*... fotalézcanse con el gran poder del Señor
(a través de la unión con él; tomad vuestra
fortaleza de él; esa fortaleza que su
infinito poder proporciona).*

(EFESIOS 6:10)

*...pero los que esperan a Jehová tendrán nuevas
fuerzas; levantarán alas como las águilas;
correrán y no se cansarán; caminarán,
y no se fatigarán.*

(ISAÍAS 40:31 RVR)

Usa la fortaleza del Señor

*C*uando Dios me llamó al ministerio, yo quería cumplir su llamado más que cualquier otra cosa. Ni siquiera sabía dónde comenzar, y menos aún cómo terminar la tarea encomendada. Pero a medida que Dios me daba ideas ungidas y me abría puertas de oportunidades para servirle, avanzaba en fe. Cada vez Él suplió la fortaleza, la sabiduría y la habilidad que eran necesarias para tener éxito.

Si estás aprendiendo a ser exitoso en la tarea que Dios pone delante de ti, tienes que aprender el secreto de usar la fortaleza de Dios. La tuya se acabará, pero la de Él, nunca.

En Efesios 6:10 Pablo nos asegura que el Espíritu Santo derramará fortaleza en nuestro espíritu humano a medida que tengamos comunión con Dios. Y el profeta Isaías dice que aquellos que han aprendido el secreto de esperar en el Señor *"se elevarán con alas como de águilas"* (40:31). Es muy obvio lo que expresan estas escrituras, que somos fortalecidos mientras recurramos a Dios para obtener lo que nos haga falta.

Todo lo que somos y necesitamos se encuentra "en Cristo". En Él somos redimidos. En Él somos completos. Nuestra sabiduría, fortaleza, paz y esperanza están en Él. ¡Nuestro todo está en Él!

Dios no solamente quiere darte fortaleza,
Él quiere ser tu fortaleza.

Palabra de Dios para ti

*...nosotros también, teniendo en derredor
nuestro tan grande nube de testigos,
despojémonos de todo peso (carga innecesaria)
y del pecado que nos asedia, y corramos con
paciencia la carrera que tenemos por delante.*

(Hebreos 12:1 RVR)

CORRAMOS LA CARRERA

Cuando el autor de la carta a los Hebreos les dijo "despojémonos y dejemos de lado toda carga", pensaba en los atletas de aquel día que competían en las carreras, con la intención de ganar. Ellos literalmente se despojaban de sus ropas hasta quedar con algo muy ligero. Se aseguraban que nada pudiera enredarlos e impedirles correr lo más rápido posible. ¡Corrían para ganar!

Para desarrollar nuestro potencial y tener éxito en ser todo lo que Dios quiso que seamos, debemos hacer un inventario de nuestra vida y podar aquellas cosas que nos enredan o simplemente roban nuestro tiempo. Hebreos 12:1 nos dice que nos despojemos y dejemos de lado toda carga y pecado que nos asedia. Es virtualmente imposible tener éxito espiritual si existe en nosotros pecado deliberado, el que conocemos. Debemos tener una actitud agresiva con respecto a mantener el pecado fuera de nuestra vida.

Cuando Dios dice que algo está mal, entonces está mal. No necesitamos discutir, teorizar, culparnos, dar excusas o sentir pena por nosotros mismos; necesitamos ponernos de acuerdo con Dios, pedirle perdón y obedecer al Espíritu Santo; debemos quitar ese pecado para siempre.

Deja de lado todo lo que te estorbe
y corre la carrera de la santidad.
¡El galardón es Dios mismo!.

Palabra de Dios para ti

¿No sabéis que los que corren en el estadio, todos a la verdad corren, pero uno solo se lleva el premio? Corred (tu carrera) de tal manera que lo obtengáis.

Todo aquel (atleta) que lucha (que se prepara, se entrena para combatir), de todo se abstiene; ellos, a la verdad, para recibir una corona corruptible (una corona que enseguida se marchita), pero nosotros, una incorruptible. Así que, yo de esta manera corro, no como a la ventura (a ciegas); de esta manera peleo, no como quien golpea el aire (dando golpes a la nada).

Sino que golpeo mi cuerpo (lo trato con dureza, disciplinándolo), y lo pongo en servidumbre (lo obligo a obedecerme), no sea que habiendo sido heraldo para otros, yo mismo venga a ser eliminado (después de haber enseñado a otros yo mismo quede descalificado).

(1 Corintios 9:24-27 RVR)

Sé moderado
en todas las cosas

Aquellos que intentamos correr la carrera, para ganar debemos conducirnos moderadamente y restringirnos en todas las cosas. No podemos esperar que algún otro nos inste a hacer lo que es correcto. Debemos escuchar al Espíritu Santo y ponernos en acción nosotros mismos.

Pablo dice que él azotaba su cuerpo. ¡Pablo corría la carrera para ganar! Sabía que no podía desarrollar su potencial sin poner su cuerpo, su mente y sus emociones bajo control.

La autodisciplina es la característica más importante en la vida de cada uno, especialmente en la vida del cristiano. A menos que disciplinemos nuestra mente, nuestra boca y nuestras emociones, viviremos en la ruina. Una de las mayores emociones que muchos necesitan aprender a gobernar, es su temple o mal genio.

Nunca alcanzaremos todo nuestro potencial si nuestra carne controla nuestras emociones. Si verdaderamente tenemos la intención de correr la carrera, debemos resistir las emociones negativas. Hay muchas otras emociones negativas además del enojo, y debemos estar listos para tomar autoridad sobre ellas tan pronto como asomen sus repugnantes narices.

Debemos permitir que el Espíritu Santo reemplace todas esas emociones destructivas con su fruto: *"Amor, alegría (gozo), paz, paciencia, amabilidad, bondad, fidelidad, humildad, dominio propio"* (Gálatas 5:22-23 Dhh).

---

*El mejorar uno mismo no proviene del propio esfuerzo;
es fruto de la dependencia del Espíritu Santo.*

PALABRA DE DIOS PARA TI

Porque ¿quién entendió la mente del Señor?
¿O quién fue su consejero? [ver Isaías 40:13-14.]

(ROMANOS 11:34)

La manera de Dios es mejor

*N*ecesitamos comprender que Dios es más inteligente que nosotros. No importa lo que tú o yo podamos pensar, la manera en que Dios hace las cosas es mejor que la nuestra. A menudo pensamos que sabemos lo que es mejor, y luego esmeramos toda nuestra carne para hacer que así ocurra.

A menudo experimentamos una gran cantidad de desilusiones que obstaculizan el gozo y el placer, debido a que decidimos –según nuestro criterio– que algo debe ser hecho de cierta manera o en cierto momento. Cuando en verdad queremos algo con vehemencia, fácilmente podemos convencernos de que eso es la voluntad de Dios.

Dios no tiene necesidad de un consejero que le diga lo que debería hacer por nosotros. Su voluntad es perfecta; y Él tiene buenos planes para nosotros, para convertirnos en todo lo que Él quiere que seamos. El profeta Jeremías dice: *"Porque sé muy bien los planes que tengo para ustedes, afirma el Señor, planes de bienestar y no de calamidad, a fin de darles un futuro y una esperanza"* (Jeremías 29:11 Dhh).

Cuando enfrentamos situaciones confusas, deberíamos decir: "Bueno, Señor, esto no tiene sentido para mí en este momento, pero confío en ti. Creo que me amas y que haces lo que es mejor para mí".

Dios no necesita de nuestro consejo para poder obrar;
Él necesita nuestra fe.

PALABRA DE DIOS PARA TI

Hermanos míos, tened por sumo gozo cuando os
halléis en diversas pruebas, sabiendo que la
prueba de vuestra fe produce paciencia.
Mas tenga la paciencia su obra completa,
para que seáis perfectos y cabales, sin que os
falte cosa alguna.

(SANTIAGO 1:2-4 RVR)

No nos cansemos, pues, de hacer bien; porque a
su tiempo segaremos, si no desmayamos.

(GÁLATAS 6: 9 RVR)

ESPERA EN EL TIEMPO PERFECTO DE DIOS

A medida que Dios obra su plan perfecto para nosotros, a menudo queremos que todo ocurra ya mismo. Pero el desarrollo del carácter lleva tiempo y paciencia.

Santiago nos dice que cuando la paciencia haya tenido su obra completa, seremos perfectos –totalmente desarrollados– y completos, sin que nos falte cosa alguna. Esto también habla acerca de toda clase de pruebas; y es durante estas pruebas en que se nos instruye a ser pacientes. La paciencia no es la habilidad de esperar. Es la habilidad de mantener una buena actitud mientras se espera. La paciencia es un fruto del Espíritu que se manifiesta en una actitud de calma, una actitud positiva a pesar de las circunstancias.

"El tiempo oportuno" es el tiempo de Dios, no el nuestro. Siempre estamos apurados, pero Dios no. Él se toma tiempo para hacer las cosas bien; pone un fundamento sólido antes de intentar edificar la construcción. Somos el edificio de Dios bajo construcción. Él es el Maestro Mayor de Obras, y sabe lo que hace. El tiempo de Dios parece ser su propio pequeño secreto. La Biblia nos promete que Él nunca llegará tarde, pero también he descubierto que usualmente tampoco llega temprano. Parece que toma cada oportunidad disponible para desarrollar el fruto de la paciencia en nosotros.

━━━━━━━━━━ ❧ ━━━━━━━━━━

*Nuestro potencial solo es desarrollado
a medida que se desarrolla nuestra paciencia.*

Palabra de Dios para ti

*¿Tan necios (torpes) [duros para entender]
sois? ¿Habiendo comenzado por el Espíritu,
ahora vais a acabar por la carne (con algo
puramente humano), [esfuerzos humanos]?
¿Tantas cosas habéis padecido en vano?
(tantas cosas buenas para nada) [tanto sufrir
para nada]. Si es que realmente fue en vano.
Aquel, pues, que os suministra el Espíritu, y
hace maravillas entre vosotros, ¿lo hace por las
obras de la ley, o por el oír con fe?*

(Gálatas 3:3-5 RVR)

COMENZADO POR FE, TERMINADO POR FE

*D*ebemos preguntarnos lo que Pablo les preguntaba a los "necios," "insensatos" y "tontos" gálatas: "Habiendo comenzado nuestra nueva vida en Cristo dependiendo del Espíritu, ¿vamos ahora a intentar vivirla en la carne?"

Así como somos salvos por gracia (el favor inmerecido de Dios) a través de la fe y no por las obras de la carne (ver Efesios 2:8-9), debemos aprender a vivir por gracia a través de la fe, y no por obras de la carne.

Cuando fuimos salvos, no estábamos en condición de ayudarnos a nosotros mismos. ¿En qué condición estamos ahora que hemos sido salvos por gracia, a través de la fe en la obra completa de Jesucristo? Todavía no estamos en condición de ayudarnos a nosotros mismos. Debemos abandonar completamente el intento de hacer que esta nueva vida funcione por nuestro propio esfuerzo. Hasta que estemos totalmente convencidos de que no podemos hacerlo, seguiremos haciendo lo que intentaban los necios gálatas: vivir la nueva vida con esfuerzos humanos.

La carne no nos aprovecha en nada. Solo el Espíritu puede hacer que crezcamos en la perfección de Cristo.

---

*Es el poder del Espíritu Santo
que nos capacita para vivir esta nueva vida.*

PALABRA DE DIOS PARA TI

*Por tanto, nosotros todos, mirando a cara
descubierta (ya sin el velo que nos cubría la cara)
como en un espejo la gloria del Señor (en la Palabra
de Dios), somos transformados (constantemente)
de gloria en gloria en la misma imagen,
(su imagen misma), como por el
Espíritu del Señor.*

(2 Corintios 3:18 RVR)

DE GLORIA EN GLORIA

¿Cómo te ves tú mismo? ¿Eres capaz de evaluarte honestamente y de evaluar tu comportamiento sin sentirte condenado? ¿Eres capaz de mirar hasta dónde tienes que ir, pero también de ver desde dónde has venido? Donde estás ahora no es donde vas a terminar. Ten una visión de la meta final, o nunca te alejarás del punto de partida.

En 2 Corintios 3:18 Pablo expresa que Dios nos cambia "de un nivel de gloria a otro". En otras palabras, los cambios en nosotros personalmente, como en nuestras circunstancias, se llevan a cabo por niveles.

¡Estás en gloria en este momento!

Si has nacido de nuevo, entonces estás en algún lugar del camino hacia la justicia. Quizás no estés tan avanzada como te gustaría estar, pero agradécele a Dios que estás en el camino. Ahora perteneces a la casa de Dios y eres transformada por Él día a día. Disfruta de la gloria en la que te encuentras en este mismo momento y no tengas celos del lugar donde otros puedan estar. No creo que pasemos al próximo grado de gloria hasta que hayamos aprendido a disfrutar de Aquel en el que nos encontramos en este momento.

No seas tan severa contigo misma.
Dios te cambia día a día, a medida que confías en Él.

*El amor de Dios por ti es el
fundamento de tu fe, de la
libertad de tu pecado y
de tu habilidad para ministrar
a otros sin temor.*

Experimentemos el amor de Dios

PALABRA DE DIOS PARA TI

*En esto se mostró (reveló) el amor de Dios
para con nosotros, en que Dios envió a su Hijo
unigénito al mundo, para que vivamos por él.*

(1 Juan 4:9 RVR)

Parte Cinco

EXPERIMENTEMOS EL AMOR DE DIOS

e has preguntado alguna vez: "¿Soy digno de amor?" Quizás hayas respondido inmediatamente: "¡No, no lo soy!"

Yo pensaba que no era digna de amor antes de llegar a entender la naturaleza verdadera del amor de Dios y su razón para amarme. Era impaciente con las personas, legalista y muy cruel, dura, egoísta; prejuzgaba y no perdonaba. Algo trascendental ocurrió en mi vida cuando Dios comenzó a mostrarme que yo no podía amar a otros porque nunca había recibido su amor por mí. Reconocía la enseñanza bíblica que decía que Dios me amaba, pero no era una realidad en mi corazón.

Dios puede amarnos porque Él así lo quiere, le complace hacerlo. Así como es imposible para Dios no amar, también es imposible que nosotros podamos hacer algo para que Él no nos ame. Una vez que te das cuenta que eres amado por Dios –no por lo que eres o por algo que hayas hecho– entonces puedes dejar de tratar de hacer algo por merecer su amor o ganar su amor, y simplemente recibirlo y disfrutarlo.

Cuando ya tu corazón sea lleno con el conocimiento del asombroso amor incondicional de Dios, puedes comenzar a amarlo en respuesta: lo amamos porque Él nos amó primero.

—— ❧ ——

Saber que Dios te ama te da confianza en Él
y seguridad en su fidelidad; es porque Jesús
es nuestro gozo.

Palabra de Dios para ti

Porque en Cristo Jesús ni la circuncisión vale algo, ni la incircuncisión, sino la fe (activa y energizada) que obra por el amor.

(Gálatas 5:6 RVR)

AMOR, CONFIANZA Y FE

*Y*a no sigas intentando tan duramente obtener fe y agradar a Dios, y comienza a utilizar todo ese tiempo y esfuerzo con Dios, amándolo. Solo vamos a poder caminar en fe si nos basamos en lo que creemos acerca de nuestra relación con Dios.

Gálatas 5:6 dice que la fe obra por el amor. La fe no obrará sin amor. Todos piensan que esta escritura quiere decir que si no aman a otras personas, su fe no funcionará. Lo que en realidad significa es que si no saben cuánto Dios los ama, su fe no funcionará.

Confiar en Dios y caminar en fe es apoyarse en Él y confiarle todas las cosas. No puedes hacer eso con alguien, sin estar seguro que esa persona te ama. Tienes el amor de Dios dentro de ti, y todo lo que necesitas es comenzar a reconocer esto cuando Él te lo manifiesta. La Biblia dice: *"Lo amamos a él porque él nos amó primero"* (1 Juan 4:19). Sería imposible para ti amar a Dios si no estuvieras seguro del hecho que Él te amó primero.

Todo está dentro de ti, en tu corazón. ¡Dios te ama! ¡Eres maravillosa! ¡Eres preciosa! Nadie en el mundo entero te amará como Dios te ama.

———— ❧ ————

La fe funciona: permite a Dios que te ame.

PALABRA DE DIOS PARA TI

*En esto consiste el amor: no en que nosotros
hayamos amado a Dios, sino en que él nos amó
a nosotros, y envió a su Hijo en propiciación
(sacrificio ungido) por nuestros pecados.*

(1 JUAN 4:10 RVR)

El amor de Dios te cambiará

*M*edita en el amor de Dios por ti. Eso es lo que va a cambiarte. Si no te gusta algo acerca de ti, "saber que sabes" que Dios te ama, lo cambiará.

Dios quiere que pases tiempo con Él en comunión y adoración todos los días. Eso es lo que te cambiará. Es el tiempo privado que pasas con Dios, solo amándolo y permitiendo que Él te ame, lo que te motivará a crecer y ser fuerte en tu espíritu.

El diablo te dará una excusa detrás de la otra para que no pases tiempo con Dios. Toma esto seriamente y clama a Él. Sincérate con Dios. La Palabra de Dios y la comunión con Él te cambiarán. Pablo dice en Filipenses 4:13: *"A todo puedo hacerle frente, gracias a Cristo que me fortalece"* (Dhh). En otras palabras, no hay nada en toda la creación que no puedas hacer a través del poder de Jesucristo.

Usa los problemas que vienen en contra de ti como oportunidades para crecer. ¡Descubre lo que Dios hará porque Él te ama! Si te apoyas en Dios y permites que Dios te ame y tú lo amas a Él, puedes olvidar todo ese intento por operar en fe, y descansar.

*Todas las bendiciones vendrán
al permitirle a Dios que te ame.*

PALABRA DE DIOS PARA TI

*Mas Dios muestra su (propio) amor para con
nosotros, en que siendo aún pecadores, Cristo
(el Mesías, el Ungido) murió por nosotros.*

(ROMANOS 5:8 RVR)

EL AMOR ES INCONDICIONAL

*D*e acuerdo a la Palabra de Dios, Él nos amó antes de que el mundo fuese formado; antes de amarlo nosotros o creer en Él, o aún antes de haber hecho algo bueno o malo.

Dios no nos pide que nos ganemos su amor; entonces no debemos requerir que otros se ganen el nuestro. Debemos darnos cuenta que el amor es algo en lo que vamos a transformarnos. No es algo que hacemos y luego no hacemos. No podemos prenderlo y apagarlo, dependiendo de a quién se lo queremos dar y de cómo nos tratan.

Como creyentes en Jesucristo, el amor que debemos manifestarle al mundo es el incondicional amor de Dios que fluye a través de nosotros hacia ellos. No podemos entender esta clase de amor de Dios con nuestra mente. Sobrepasa, lejos, nuestro mero entendimiento. Es una revelación que Dios les da a sus hijos por medio del Espíritu Santo.

El amor incondicional piensa a largo plazo. Ve en lo que las personas pueden transformarse si solamente alguien las ama. Eso es lo que Dios hizo por nosotros. Él nos miró a largo plazo y vio que su amor incondicional podía conformarnos a la imagen de su Hijo.

Recibe la misericordia y el amor de Dios;
no puedes ofrecer algo que no tienes.

PALABRA DE DIOS PARA TI

*No te dejes vencer por el mal; al contrario,
vence el mal con el bien*

(ROMANOS 12:21)

El amor de Dios
vence y transforma

*U*n individuo malvado y funesto puede ser completamente transformado por dosis persistentes y regulares del amor de Dios. A causa de que en muchos casos las experiencias religiosas de las personas no han sido satisfactorias para ellas, nunca han entrado en una relación con Jesucristo que sea lo suficientemente personal como para comenzar a recibir el amor sanador y transformador del Señor.

La religión a menudo les da a las personas reglas para seguir y leyes que cumplir. Las lleva a creer que deben ganarse el amor de Dios y su favor a través de las buenas obras. Eso es exactamente lo opuesto a la enseñanza bíblica verdadera.

La Palabra de Dios dice que "la misericordia triunfa sobre el juicio" (Santiago 2:13 RVR). La bondad de Dios conduce al hombre al arrepentimiento (Romanos 2:4), no el cumplimiento de las leyes y reglas. Jesús no vino a darle al hombre una religión. Vino a darle una relación personal, profunda, de amor con el Padre a través de Él.

El amor incondicional de Dios no permite que las personas permanezcan iguales; en su lugar, las ama a medida que van cambiando. Jesús dijo que Él no vino a causa de los que están bien, sino a causa de los que están enfermos (Mateo 9:12). Nuestro mundo hoy está enfermo y no hay respuesta para lo que le urge, excepto Jesucristo y todo lo que Él significa.

*El amor incondicional vencerá al mal
y transformará vidas.*

Palabra de Dios para ti

(El amor) todo lo disculpa (soporta todo y resiste todo lo que pueda venir), todo lo cree (siempre está dispuesto a creer lo mejor de cada persona), todo lo espera (su esperanza no se marchita bajo ninguna circunstancia), todo lo soporta (y todo lo sufre sin debilitarse).
El amor jamás se extingue (nunca falla, no se desvanece o se convierte en obsoleto, nunca termina).

(1 Corintios 13:7-8)

EL AMOR NUNCA FALLA

*E*sta clase de amor de Dios soporta todo y cuanto venga. Lo resiste todo sin debilitarse. Está determinado a no rendirse, aún en el caso más difícil. El individuo de corazón más duro, que persiste en ser rebelde, puede ser eventualmente ablandado por el amor. La Biblia dice: *"Aún cuando estábamos en debilidad (incapaces de ayudarnos a nosotros mismos), en el tiempo señalado, Cristo murió por (en lugar de) los malvados"* (Romanos 5:6).

Es difícil seguir mostrando amor a alguien que nunca parece apreciarlo o aun responder a él. Es difícil seguir mostrando amor a aquellos individuos que toman de nosotros todo lo que estamos dispuestos a dar, pero que nunca dan nada a cambio.

No somos responsables por cómo los demás actúen, solo por cómo lo hagamos nosotros. Hemos experimentado el amor de Dios por su misericordia, y ahora Él nos manda a mostrar esa misma clase de amor al mundo. Nuestro galardón no viene del hombre, sino de Dios. Aun cuando nuestras buenas obras parezcan pasar inadvertidas, Dios las nota y promete recompensarnos abiertamente por ellas: ...tus obras de caridad quizás sean en secreto, mas tu Padre que ve en secreto, te galardonará en público (Mateo 6:4, paráfrasis).

───────────── ✂ ─────────────

Dios es amor, y el amor nunca deja de ser.

───────────────────────────────

Palabra de Dios para ti

*De su plenitud (abundancia) todos hemos
recibido (todos tuvimos una porción y fuimos
todos suplidos por ella) gracia sobre gracia
(y bendición espiritual sobre bendición
espiritual, y aun favor sobre favor y dones
[colmados] sobre dones).*

(Juan 1:16)

CREE Y RECIBE
EL AMOR DE DIOS

*U*na y otra vez la Biblia nos habla acerca de recibir de Dios. Él siempre derrama su bendición, y debiéramos, como vasos vacíos y sedientos, aprender a tomar libremente todo lo que Él nos ofrece.

En el mundo espiritual, cuando tú y yo creemos algo, lo recibimos en nuestro corazón. En el mundo se nos enseña a creer en lo que vemos. En el Reino de Dios debemos aprender a creer primero, y luego veremos manifestado lo que hemos creído (recibido, admitido en nuestro corazón).

Cuando Jesús dijo que cualquier cosa que pidamos de Dios, creyendo, nos sería concedida, decía que lo recibiríamos gratis.

Uno de nuestros más grandes desafíos es que no confiamos en la palabra "gratis". Rápidamente descubrimos en el sistema del mundo que las cosas realmente no son gratis. Aun cuando se nos dice que son gratis, hay usualmente un costo oculto en alguna parte.

Mas el Reino de gracia y amor de Dios no es como el del mundo. El amor grandioso de Dios es un don que Él gratuitamente nos concede. Todo lo que necesitamos hacer es abrir nuestro corazón, creer su Palabra y recibirla con agradecimiento.

Cree que Dios te ama con un amor eterno.

PALABRA DE DIOS PARA TI

Y nosotros hemos llegado a saber (conocido entendido, reconocido, somos conscientes de, por observación y por experiencia) y creer (adherido a, puesto fe en, y vuelto a colocar nuestra confianza en) que Dios nos ama. Dios es amor. El que permanece en amor, permanece en Dios, y Dios en él.

(1 JUAN 4:16)

COMPRENDE
EL AMOR DE DIOS

*P*rimera de Juan 4:16 es un pasaje clave para mí, porque dice que debiéramos estar conscientes y enterados del amor de Dios, y poner fe en ello. Yo fui inconsciente y no me di por enterada del amor de Dios por un largo tiempo; por lo tanto, no ponía fe en su amor por mí.

Cuando el Espíritu Santo me convenció, no sabía cómo decir "Sí, cometí un error", luego ir a Dios, pedir su perdón, recibir su amor, y seguir adelante. En lugar de eso, pasaba horas y aun días sintiéndome culpable acerca de cada cosita que había hecho mal. ¡Estaba literalmente atormentada! Juan nos dice que el temor atormenta, pero que el amor de Dios echa fuera el temor (1 Juan 4:18). El amor de Dios por mí era perfecto, porque estaba basado en Él, no en mí. Así que, aún cuando yo fallaba, Él me seguía amando.

El amor de Dios por ti es perfecto. Cuando fallas, ¿dejas de recibir el amor de Dios y comienzas a castigarte por sentirte culpable y condenado? No escuches las mentiras del diablo. Comprende y cree en el intenso amor de Dios por ti. No lleves las cargas de culpabilidad del enemigo. Cree y recibe el yugo del amor de Dios.

Dios tiene la intención de amarnos.
Él tiene que amarnos. ¡Él es amor!

PALABRA DE DIOS PARA TI

...ustedes no viven según la naturaleza pecaminosa
sino según el Espíritu (la vida del Espíritu),
si es que el (Santo) Espíritu de Dios (realmente)
vive en ustedes (te dirige y controla).

(ROMANOS 8:9)

PERMITE QUE EL AMOR SE HAGA CARGO

Cuando el amor se hace cargo de nosotros –que es otra forma de decir "cuando Dios se hace cargo de nosotros"– no podemos pensar cosas malas acerca de las personas. Ni siquiera queremos.

Realmente no viviremos la vida del Espíritu hasta que permitamos que el Espíritu Santo controle cada área de nuestra vida. Él ciertamente nunca obtendrá el control de nuestra vida hasta que tenga el control de nuestros pensamientos y palabras.

Ser dirigidos por el Espíritu es el punto central hacia una vida cristiana victoriosa. Cuanto más elaboremos nuestros propios pensamientos y hablemos nuestras propias palabras, nunca experimentaremos la victoria.

Nuestra vida es un reflejo de nuestros pensamientos. Es imposible tener una buena vida a menos que nos entrenemos nosotros mismos para tener buenos pensamientos. Si queremos que otros vean a Jesús reflejado en nuestra vida, entonces la mente de Jesús debe estar reflejada en nosotros. Debemos ser dirigidos por el Espíritu en nuestro pensar; allí es donde comienza una vida guiada por el Espíritu.

Determínate a amar a Dios, a ti mismo y a otros, con tus pensamientos. Permite que el amor de Dios se haga cargo de tu vida.

Podemos dejar que la mente de la carne nos controle, o podemos escoger al Espíritu Santo y su modo de pensar.

El amor es un círculo divino.
Primero, Dios nos ama,
y por fe recibimos su amor.
Luego nos amamos a nosotros mismos
en un modo equilibrado.
Correspondemos al amor de Dios. Y luego
aprendemos a amar a otra gente.

Amemos
a otros

PALABRA DE DIOS PARA TI

De este modo todos sabrán (conocerán todos los hombres que son mis discípulos, si se aman (tuvieren amor) los unos a los otros (si se mantuvieren mostrando amor entre ustedes).

(JUAN 13:35)

Parte Seis

AMEMOS A OTROS

e llevó cerca de cuarenta y cinco años darme cuenta que el amor no era mi enfoque principal en la vida. Necesitamos mostrarle al mundo a Jesús. Lo hacemos si caminamos en el amor de Jesús.

Jesús mismo enseñó en amor y caminó en amor. El mundo busca amor, y Dios es amor (1 Juan 4:8).

Dios quiere cristianos comprometidos a desarrollar el carácter de Jesucristo en su propia vida, y que luego salgan como embajadores de Cristo (2 Corintios 5:20).

Para ser sus embajadores debemos tener nuestras mentes renovadas con respecto a lo que el amor realmente es. El amor no es un sentimiento que tenemos; es una decisión de tratar a las personas como Jesús las trataría.

Cuando sinceramente nos comprometemos a caminar en amor, generalmente eso causa un gran cambio en nuestro estilo de vida. Muchos de nuestros métodos, nuestros pensamientos, nuestra conversación, nuestros hábitos, tienen que cambiar. El amor es tangible; es evidente para todo aquél que busca el contacto con él.

Amar a los demás no viene fácilmente o sin sacrificio personal. Cada vez que elegimos amar a alguien, nos costará algo, tiempo, dinero o esfuerzo. Es por eso que se nos dice que calculemos el costo antes de realizar un compromiso (Lucas 14:25-33).

Amar a los demás no depende de nuestros sentimientos; es una elección que hacemos.

PALABRA DE DIOS PARA TI

Atan cargas pesadas (difíciles de llevar)
y las ponen sobre las espaldas de los demás,
pero ellos mismos no están dispuestos a mover
ni un dedo para levantarlas (moverlas).

(MATEO 23:4)

BASTA DE PRESIONES

*T*ú y yo nos presionamos a nosotros mismos y a otras personas cuando tenemos expectativas irreales. Dios no quiere que vivamos bajo esta clase de presión.

Podemos esperar más de las personas de lo que ellas son capaces de dar. La continua presión sobre las personas con las cuales nos relacionamos, al final causará un colapso en esa relación. Todas las personas, donde sea, buscan amor y aceptación.

Recuerdo los años en que furiosamente trataba de cambiar a mi esposo, Dave, y a cada uno de mis hijos, en diferentes maneras. Fueron años de frustración, porque no importa lo que intentara, ¡nada funcionaba!

Como humanos, todos necesitamos nuestro espacio, nuestra libertad para ser nosotros mismos. Queremos ser aceptados tal cual somos. No queremos que la gente nos envíe el mensaje, aunque sea sutil, de que debemos cambiar para ser aceptados.

No digo que debemos aceptar el pecado en otras personas y simplemente tolerarlo. Digo que la forma de cambiar es la oración, ¡no la presión! Si amamos a los demás y oramos por ellos, Dios hará la obra.

Para que el cambio perdure, debe venir desde adentro hacia fuera. Solo Dios puede causar ese tipo de cambio en un corazón.

───────── ⧏ ─────────

No podemos cambiar a las personas presionándolas
o fastidiándolas.
Solo funcionarán la oración y el amor de Dios.

PALABRA DE DIOS PARA TI

*Pero el que tiene bienes de este mundo
(recursos para el sustento de la vida) y ve a su
hermano y compañero creyente en necesidad,
y cierra contra él su corazón, ¿cómo puede el
amor de Dios vivir y permanecer en él?
Hijitos míos, no amemos (simplemente en
teoría o de palabra) ni de lengua, sino de hecho
y en verdad (en práctica y sinceramente).*

(1 JUAN 3:17-18)

AMEMOS CON BIENES MATERIALES

*M*uchas personas aman los bienes materiales y utilizan a la gente para obtenerlos. Dios quiere que amemos a los demás y usemos los bienes para bendecirlos. Compartir nuestras posesiones con otros es una forma de hacer que el amor pase de su "etapa de solo hablar" a su "etapa de hacer".

Dios nos ha dado un corazón compasivo, pero por nuestra propia elección, lo abrimos o lo cerramos. Como creyentes en Jesucristo, Dios nos da su Espíritu y pone en nosotros un nuevo corazón. Ezequiel 11:19 dice que este nuevo corazón es sensible al toque de Dios. Algo en lo profundo de cada creyente quiere ayudar a los demás. Sin embargo, el egoísmo puede tornarnos tan agresivos con respecto a nuestros propios deseos, que llegamos a ignorar completamente las necesidades a nuestro alrededor.

Hay gente damnificada por doquier. Algunos son pobres; otros están enfermos o en soledad. Aun otros están emocionalmente heridos o tienen necesidades espirituales. Un simple acto de bondad hacia una persona insegura puede hacer que ese individuo se sienta amado y valioso.

La ambición por tener más puede atrapar a las personas. Esta lucha a menudo produce pocos o ningún resultado. Deberíamos esforzarnos por sobresalir en dar a otros. Si así lo hacemos, veremos que Dios se asegura que tengamos suficiente como para suplir nuestras necesidades y abundancia para seguir dando.

No hay mayor bendición
que dar a otros que están en necesidad.

PALABRA DE DIOS PARA TI

*Como está escrito: Repartió, dio a los pobres
(a los necesitados, a los deudos de justicia);
su justicia permanece para siempre.*

(2 CORINTIOS 9:9)

TODOS NECESITAN UNA BENDICIÓN

Es tanto bueno como escritural bendecir al pobre. Ellos deberían ser uno de nuestros primordiales objetivos.

Busca gente que esté necesitada y bendícela. Comparte lo que tengas con aquellos que son menos afortunados que tú. Pero recuerda, todos necesitan una bendición, aun los ricos, los exitosos y aquellos que aparentan tenerlo todo.

Todos necesitamos ser animados, edificados, recibir cumplidos y ser apreciados. Todos nos debilitamos a veces y necesitamos otras personas que nos digan: "Solo quería hacerte saber que te aprecio a ti y todo lo que haces".

Creo que Dios nos bendice para que podamos ser bendición, no solo en unos pocos lugares, sino dondequiera que vamos. Entonces recuerda sembrar tanto en el pobre como en el rico, en el marginado como en el exitoso (2 Corintios 9:6-7).

Si vives para suplir necesidades y brindar alegría a otros, encontrarás "gozo inefable y glorioso" en el proceso (1 Pedro 1:8 RVR).

Es mi deseo dejar algo como resultado de mi paso por la vida. Me rehúso a pasar por ella solo como alguien que "extrae beneficios de los demás". He decidido ser una "dadora". Quiero bendecir a las personas en maneras tangibles. Es mi oración que tú tengas el mismo deseo.

Comienza a usar lo que tienes para ser una bendición,
y descubrirás que esa fuente nunca se secará.

Palabra de Dios para ti

*Amaos los unos a los otros con amor fraternal
(afecto familiar); en cuanto a honra,
prefiriéndoos los unos a los otros.*

(Romanos 12:10 RVR)

EL AMOR DA PREFERENCIA A LOS DEMÁS

*D*ar preferencia a otros requiere la voluntad de adaptarse y ajustarse. Significa permitir que otros vayan primero o reciban lo mejor de algo. Cada vez que mostramos preferencia tenemos que hacer un ajuste mental. Estábamos planeando ser los primeros, pero decidimos ser segundos. Estamos apurados, pero decidimos dar paso a otro que parece tener una necesidad mayor.

Una persona no está aún arraigada y plantada en amor hasta que ha aprendido a mostrar preferencia por los demás (Efesios 3:17). Todo aquel que quiere ser un líder en el Reino de Dios, debe tener la voluntad de ser un siervo (Mateo 23:11).

Tenemos múltiples oportunidades de adaptarnos y ajustarnos casi todos los días. Si estamos encerrados en nuestros planes, se nos va a hacer difícil hacerlo. No solo aprenda a ajustarse, sino aprenda a hacerlo con una buena actitud. Aprender a hacer estas cosas es aprender a caminar en amor y humildad.

Jesús se humilló a si mismo y vino a la Tierra como el Hijo del Hombre, para salvarnos. No podemos mostrar preferencia y ayudar a otros a menos que tengamos la voluntad de seguir su ejemplo y humillarnos.

*Solo el Espíritu Santo puede cambiarnos
de ser individuos orgullosos a ser siervos
humildes de Dios y del hombre.*

PALABRA DE DIOS PARA TI

Pedro tomó la palabra, y dijo: Ahora comprendo (entiendo) que en realidad para Dios no hay favoritismos (no hace diferencias entre uno y otros).

(HECHOS 10:34)

EL AMOR ES IMPARCIAL

Si el amor es incondicional, entonces no debería mostrar ninguna clase de parcialidad.

Esto no significa que no podamos tener amigos especiales, o que no podamos estar más involucrados con algunas personas que con otras. Quiere decir que no podemos tratar a algunas personas de una manera y a las demás de una manera diferente. Nuestro amor no es incondicional si solamente somos amables con quienes son nuestros buenos amigos, y no tenemos cuidado en cómo tratamos a aquellos que no son de nuestro interés o importancia.

Dios me ha dado algunos amigos especiales en mi vida que están "en el mismo fluir" que yo. Pero Él también me ha enseñado a tratar a todos con respeto, a hacerlos sentir valiosos, a escucharlos cuando me hablan y a no juzgarlos en una forma crítica.

Nuestro andar de amor puede ser divisado fácilmente por la manera en que tratamos a las personas que no nos pueden hacer ningún bien, personas con las cuales no nos interesa desarrollar una relación. El amar a otros frecuentemente requiere sacrificio. Requiere que pongamos a otros primero, hacer lo que los beneficia a ellos, y no solamente a nosotros.

La Palabra de Dios nos dice que Él no muestra parcialidad, que no hace acepción de personas. Como sus representantes, tampoco debemos mostrar parcialidad o practicar favoritismos.

─────────── ❧ ───────────

Permite que Dios te muestre cómo amar a todos sin parcialidades.

PALABRA DE DIOS PARA TI

*Porque vosotros, hermanos, a libertad
fuisteis llamados; solamente que no uséis la
libertad como ocasión para la carne
(para beneficio propio), sino servíos por amor
los unos a los otros.
Porque toda la ley en esta sola palabra
(concerniente a las relaciones humanas)
se cumple: Amarás a tu prójimo
como a ti mismo.*

(GÁLATAS 5:13-14 RVR)

LIBRES PARA SER SIERVOS

*J*esús dijo, en esencia, "Si me amas, me obedecerás" (Juan 14:21). Decir "Amo a Jesús" y caminar en desobediencia es un engaño. Las palabras son maravillosas, pero el andar en plenitud de amor debe ser mucho más que palabras.

No cabe duda que yo amo a mi esposo, pero el cumplimiento del amor debe encontrar algún servicio a través del cual fluir. ¿Cómo puedo decir que amo a mi marido si nunca quiero hacer nada por él? Es muy fácil deslizarse en el fluir del mundo de que "todo gire alrededor de mí", pero estoy determinada a nadar en contra de la corriente y de la influencia de mi carne, y ser una sierva y una bendición a donde quiera que vaya.

Jesús dio instrucciones a sus discípulos de alimentar a los hambrientos, dar agua a los sedientos, vestido a los desnudos, cuidado a los enfermos y visitar a aquellos que están en prisión (Mateo 25:34-45). Jesús fue muy claro al decir que si no hacemos nada amable por los demás, entonces no hemos hecho nada para Él.

Servir a los demás los hace libres para amar. Deja indefenso aun al individuo que odia con mayor intensidad. El propósito total de ser un siervo es mostrar a otros el amor que Dios nos ha mostrado a nosotros, para que ellos también puedan darlo a nosotros y luego transmitirlo a los demás.

Cuando servimos a otros en amor, Dios nos premiará, nos hará sentir su presencia manifiesta.

PALABRA DE DIOS PARA TI

*Pues aunque vivimos en el mundo, no
libramos batallas como lo hace el mundo.
Las armas con que luchamos no son del mundo
(físicas), sino que tienen el poder
divino para derribar (destruir) fortalezas.
Destruimos (derribamos) argumentos y toda
altivez que se levanta contra el conocimiento
(verdadero) de Dios, y llevamos cautivo todo
pensamiento para que (en obediencia) se
someta a Cristo (el Mesías, el Ungido).*

(2 CORINTIOS 10:3-5)

No permitas que el egoísmo gane la guerra

*D*efinitivamente estamos en una guerra. La Biblia nos enseña que las armas de nuestra milicia no son armas carnales, naturales, pero sí poderosas en Dios para derribar las fortalezas. La fortaleza del amor que ha enfriado nuestra vida debe ser derrotada.

Creo que Satanás ha lanzado una guerra espiritual altamente tecnológica contra la iglesia, usando el humanismo, el materialismo y el egoísmo general como su carnada. Debemos ganar la guerra contra estas cosas, y la única manera de combatirlas es con un sólido andar en amor.

Olvidarnos intencionalmente de nosotros mismos y de nuestros problemas, y hacer algo por alguien, aun estando nosotros heridos, es una de las cosas más poderosas que podemos hacer para vencer el mal.

Cuando Jesús estaba en la cruz, y soportaba un intenso sufrimiento, se tomó el tiempo de consolar al ladrón que estaba a su lado (Lucas 23:39-43). Cuando Esteban era apedreado, oró por aquellos que lo lapidaban, le pidió a Dios que no les tomara ese pecado en cuenta (Hechos 7:59-60).

Si la Iglesia de Jesucristo, su cuerpo aquí en la Tierra, le hiciera la guerra al egoísmo y caminara en amor, el mundo comenzaría a notarlo.

Andar en amor es hacer guerra espiritual.

PALABRA DE DIOS PARA TI

*Y considerémonos (pongamos atención, cuidado
continuo) unos a otros para (con cuidado
estudiar y saber cómo) estimularnos al amor
(noble) y a las buenas obras.*

(HEBREOS 10:24)

*Panal de miel son las palabras amables:
endulzan la vida y dan salud al cuerpo.*

(PROVERBIOS 16:24)

Desarrolla el Hábito del Amor

 i nos disponemos a desarrollar el hábito del amor, entonces debemos desarrollar el hábito de amar a los demás con nuestras palabras. Multitudes de personas necesitan a alguien que crea en ellas. Han sido heridas por palabras erróneas, pero las palabras correctas pueden llevarles sanidad a sus vidas.

La naturaleza carnal (baja, sensual) saca a relucir los defectos, las debilidades y los fracasos. Parece alimentarse de las cosas negativas de la vida. Ve y magnifica todo lo erróneo de las personas y de las situaciones. Pero la Biblia dice en Romanos 12:21 que estamos para vencer el mal con el bien.

Caminar en el Espíritu –continuamente siguiendo el aviso o la dirección, la guía y el obrar del Espíritu Santo a través de nuestro propio espíritu, en lugar de ser conducidos por nuestras emociones– requiere ser positivo. Dios es positivo, y para caminar con Él debemos estar de acuerdo con Él (ver Amós 3:3).

Es fácil encontrar algo equivocado en los demás, pero el amor cubre una multitud de pecados: *"Sobre todas las cosas, ámense intensamente y sin fallar los unos a los otros, puesto que el amor cubre multitud de pecados [perdona y deja de lado las ofensas de los demás]"* (1 Pedro 4:8).

---

*Creer lo mejor de la gente y hablar palabras
que los edifiquen, es una forma de amarlas.*

Joyce Meyer

Joyce Meyer ha enseñado la Palabra de Dios desde 1976, y está dedicada por completo al ministerio desde 1980.

Su programa radial "Vida en la Palabra" se escucha en todos los Estados Unidos; su emisión televisiva es vista alrededor del mundo.

Viaja extensamente; predica sus mensajes que cambian vidas a través de las conferencias "Vida en la Palabra", y también en iglesias locales.

Para contactar a la autora, escriba a:

Joyce Meyer Ministries
P. O. Box 655 • Fenton, Missouri 63026, EE.UU.
O llame al: (636) 349-0303

La dirección de Internet es: www.joycemeyer.org

En Canadá, escriba a: Joyce Meyer Ministries Canada, Inc.
Lambeth Box 1300 • Londres, ON N6P 1T5
O llame al: (636) 349-0303

En Australia, escriba a: Joyce Meyer Ministries-Australia
Locked Bag 77 • Mansfield Delivery Center
Queensland 4122
O llame al: (07) 3349-1200

En Inglaterra, escriba a: Joyce Meyer Ministries
P. O. Box 1549 • Windsor • SL4 1GT
O llame al: 01753-831102